Peter Schmidt m'a aidé à préparer les photos et le texte
pour la maquette de ce livre.
Charlotte.

Charlotte March

# Man, oh Man!

Un projet pour l'émancipation de l'homme attirant.

ÉDITIONS DOMINIQUE LEROY
16 bis, RUE FONTAINE 75009 PARIS

A l'assaut de la montagne en traîneau!

# Charlotte March
# Man, oh Man!

collection vertiges lumières

Il était une fois…

... un petit lapin nommé Pierre.
Pierre était vilain et il s'enfuit de la maison
de ses parents...
Et ne voilà-t-il pas
qu'il rencontra M. Mac Grégor !

Pierre fut abominablement effrayé, il entendit les bruits les plus affreux qu'il ait jamais entendus, ses yeux s'ouvrirent comme des soucoupes.

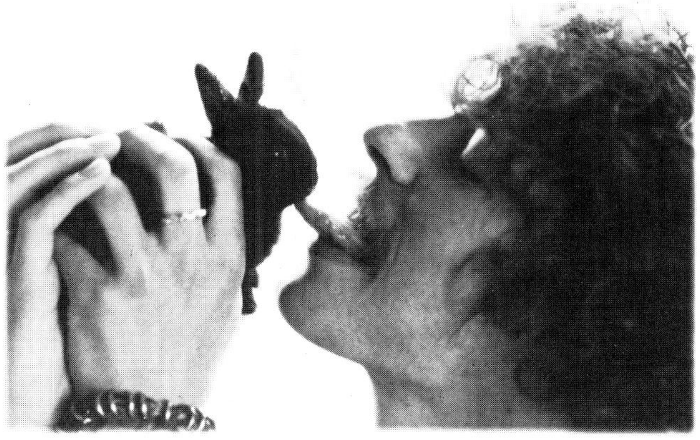

J'ai le regret de dire que Pierre
ne se sentit pas très bien durant toute la soirée.

L'oncle de Pierre, le vieux M. Lapin,
n'avait aucune opinion au sujet des chats.
(Beatrix Potter)

Faune au matin

Faune au crépuscule

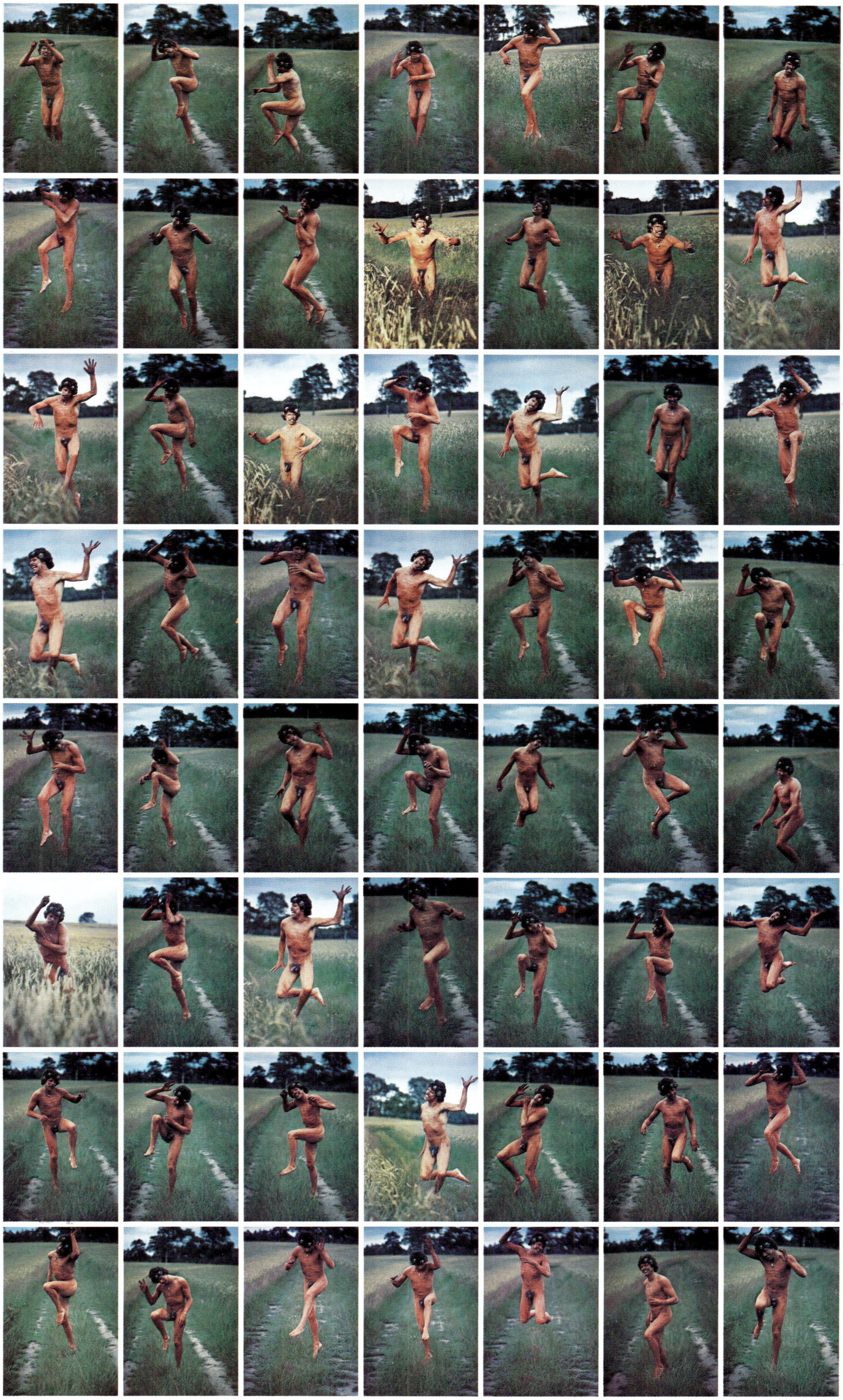

Les choses ont beaucoup changé depuis la dispute que j'eus avec une rédactrice de mode qui refusait la photographie d'une robe parce qu'il y avait un triangle cousu sur le devant, la pointe vers le bas. Elle écarta également des photos de jeunes filles se tenant par le bras. Car c'étaient là pour elle les signes indéniables que j'étais une obsédée ou même une lesbienne. La première conclusion est exacte, pas la seconde.

Mis à part le fait que cette personne a fini, comme de juste, dans une maison de fous, tous les autres sceptiques ont depuis été réduits au silence par la vague porno. Ils ont la bouche close par des productions beaucoup plus dures.

Les femmes ne m'intéressent pas du tout. C'est pourquoi mes rapports avec elles sont si peu privilégiés. C'est comme à l'école, ma vie professionnelle est une extension de mes rêves d'enfance : "Faisons quelque chose ensemble, allons-nous-en là-bas". Sympathie et antipathie, c'est tout. Je les photographie parce qu'elles sont une part intégrante de ce que je vois. Mais mon but est d'impressionner les hommes, et les femmes qui aiment les hommes.

Je ne sens pas un besoin de pénis, je doute qu'il existe un tel sentiment. Bien sûr, il y a toujours quelques viragos, quelques hystériques qui se sentent menacées par l'homme et voient dans son organe sexuel un symbole de supériorité. A quoi peut servir leur pénis tout seul?

Ne devrait-on pas haïr un autre type d'homme qui ne menace pas seulement les femmes mais la race humaine toute entière? L'homme de pouvoir, un directeur avec un pantalon avachi suggérant qu'il porte des jupons en dessous; d'un côté le genre patron, de l'autre la figure paternelle, un robot du succès qui ne peut être blessé que dans ses ambitions, jamais dans ses sentiments, un reproducteur impuissant, un cafard de maison close. Allant tout droit à l'infarctus, essayant de vous impressionner par leurs positions, mais ils n'imagineraient jamais que vous pouvez voir à travers eux et deviner que rien n'arrive dans leurs pantalons larges... Depuis des siècles, ils ont appris à cacher leur pénis et ils croient que si vous ne le voyez pas, vous ne savez pas à quoi il ressemble. Ils pensent pouvoir vous bluffer. C'est pourquoi ils utilisent des gros mots pour montrer combien ils sont puissants.

Et les sur-sexués, les infirmes de l'âme qui draguent dans tous les coins tandis que leurs femmes au foyer pleurent toutes les larmes de leur corps, les autres coureurs de jupons me rendent également malade. Des étalons qui n'ont qu'un morceau de viande à offrir. Ces destructeurs de tous sens des valeurs peuvent aussi bien aller au diable.

Que reste-t-il?

L'insolite, le tendre, le vulnérable, le beau. Celui qui a la peau douce, le cheveu brillant, un corps qu'il aime et offre pour donner du plaisir. Celui qui a le temps, qui se laisse flotter au fil des heures lorsqu'il se trouve avec une femme. Il connaît les règles du jeu, il maîtrise l'art de l'amour. Ses aisselles sont aussi appétissantes que la plante de ses pieds, ses yeux clairs, son regard plein de secrets, sa caresse peut changer votre vie.

(Suite page 31)

That's new, Pussy-Cat!

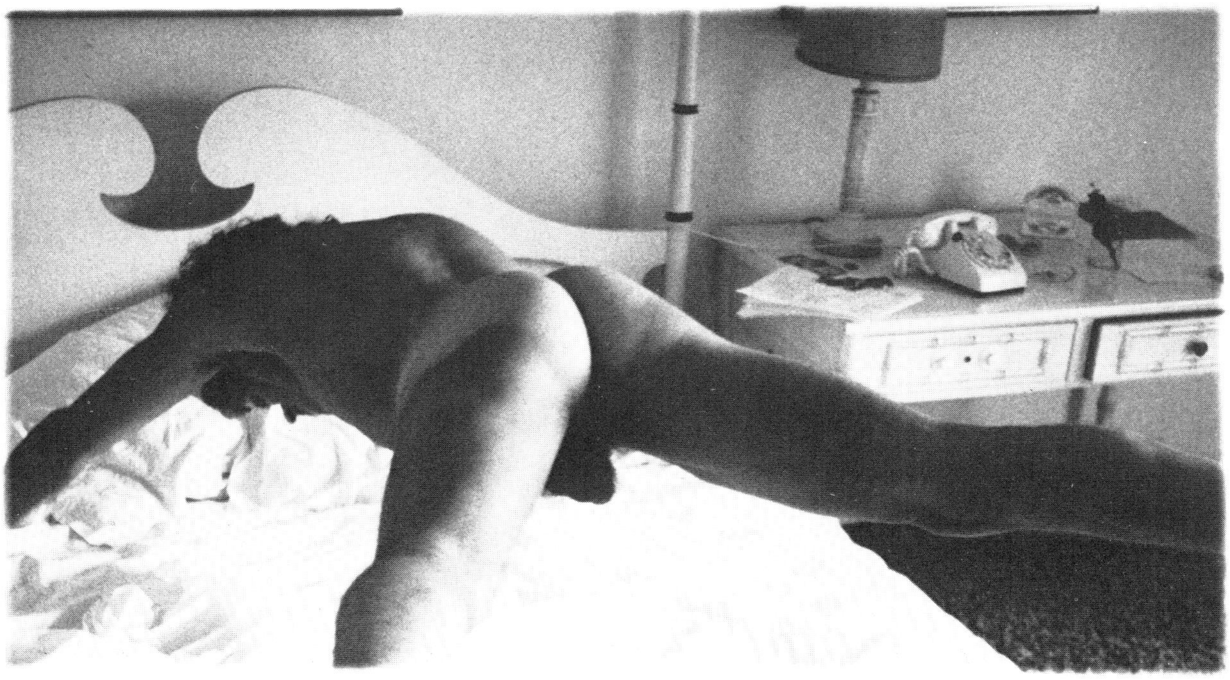

Quand cet homme est présent, tout le monde change autour de lui, pour le meilleur ou pour le pire. Plus la société est conventionnelle, plus elle est contre lui. L'homme beau est encore suspect, particulièrement aux autres hommes. Ils ont toujours essayé de l'ignorer, de le ridiculiser ou de l'achever. En fait, ils ont été très près de réussir à l'éliminer. "Une belle allure" c'était acceptable, mais de grâce seulement avec une odeur de tabac et de cuir, une position sociale, sur des yachts, avec un fusil, droit comme un i, faisant le baisemain. "Ce beau, très souvent c'est un Monsieur" vous pouvez parier qu'il a ces tempes grises qui apaisent tout le monde et ces yeux bleus qui me font penser qu'ils brillent la nuit. Mais il ne m'impressionne pas. Il n'a pas de sex-appeal.

Si le sex-appeal apparaît chez un autre homme, celui-ci est étiqueté "efféminé, homosexuel, gigolo, souteneur". L'envie et la rivalité sexuelles sont plus rudes chez les hommes que chez les femmes. Les mâles utilisent des moyens beaucoup plus primitifs; leur manque d'enthousiasme les fait déguerpir devant l'inhabituel.

Les Kennedy furent assassinés parce qu'ils étaient attirants. La jalousie les a tués. Les politiciens laids vivent centenaires. Mais ces frères qui avaient de l'argent, le pouvoir, les femmes, tout ce que l'imagination peut engendrer, ceux-là devaient mourir.

Et les femmes? Si elles sentent qu'elles peuvent l'avoir, notre bel homme, elles l'adorent. Si elles n'ont aucune chance, elles le détestent et tentent de l'abaisser avec la même passion. Elles n'ont pas d'autres choix, il doit être assimilé d'une façon ou d'une autre.

Ce n'est pas assez de dire simplement le "bel homme". La définition de la beauté s'entoure toujours d'un halo ennuyeux en raison de la perfection qu'elle suppose mais qui n'est jamais atteinte.

(Suite page 37)

Christophe Colomb :
toute la nuit, nous avions entendu des oiseaux voler au-dessus de nos têtes.

Nous ne sommes prêts à appeler belle une personne qu'en fonction de nombreux a priori. Je trouve que tous les gens notoirement beaux de notre époque ne le sont qu'en détail. Beaucoup d'entre eux, Greta Garbo, par exemple, manquent d'une qualité naturelle de port, de gestes. Il y a tellement de facteurs à prendre en considération que l'on peut dire qu'un être humain n'est beau qu'à certains moments. Seul l'innocent, celui ou celle qui n'en a pas conscience, peut être beau. Un animal, par exemple, qui n'est pas conscient de son image, qui n'essaie pas de nous impressionner avec son apparence physique. Peut-être aussi, un être humain qui mène une vie simple et recluse. Buster Keaton était aussi beau que Greta Garbo. Il n'en avait pas conscience et cela le rapprochait davantage de la beauté qu'elle.

Il faut vraiment décortiquer physiquement l'être humain pour lire ses pensées, examiner ses organes et tester sa pureté. Au fur et à mesure que progresse la découverte, la beauté disparaît et la fascination croît : l'être humain devient intéressant. L'aventure de la bouche peinte, la vieille histoire : ange ou démon?

(Suite page 53)

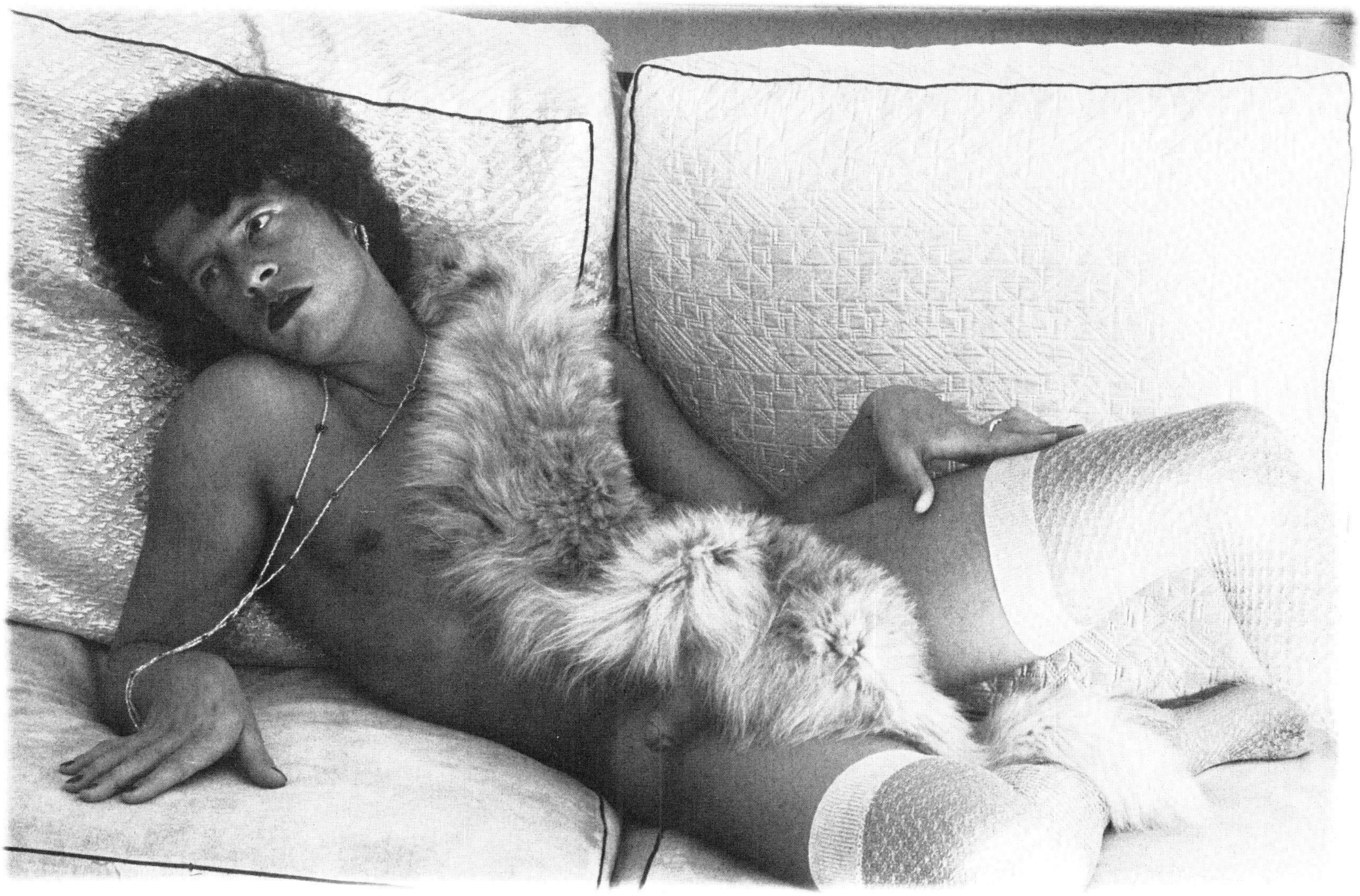

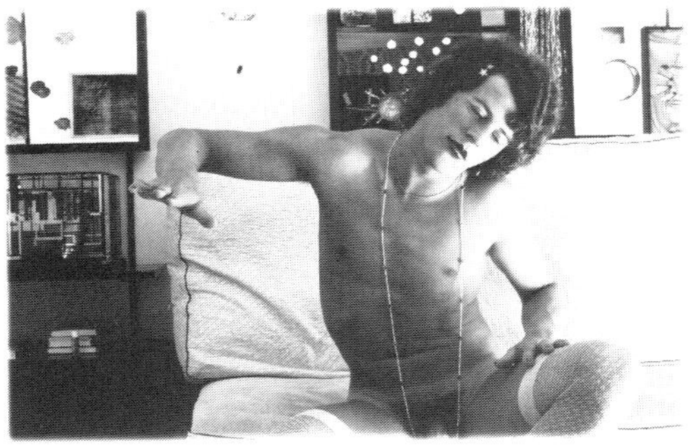

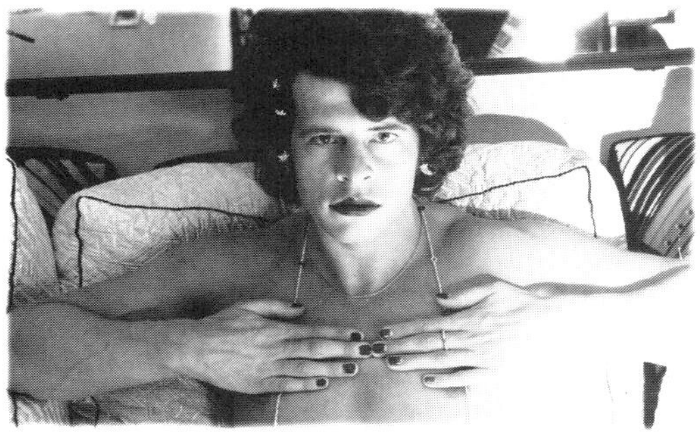

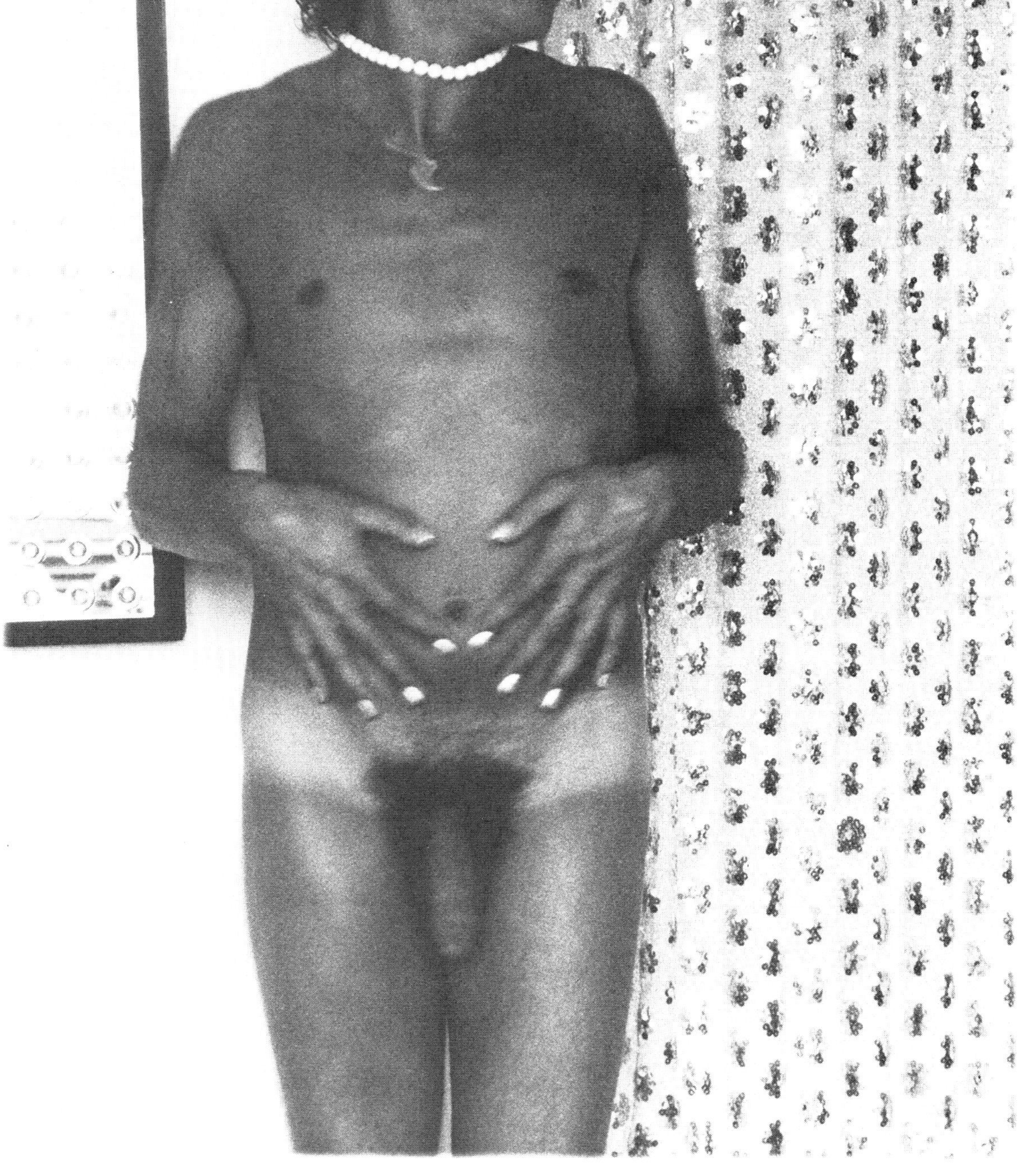

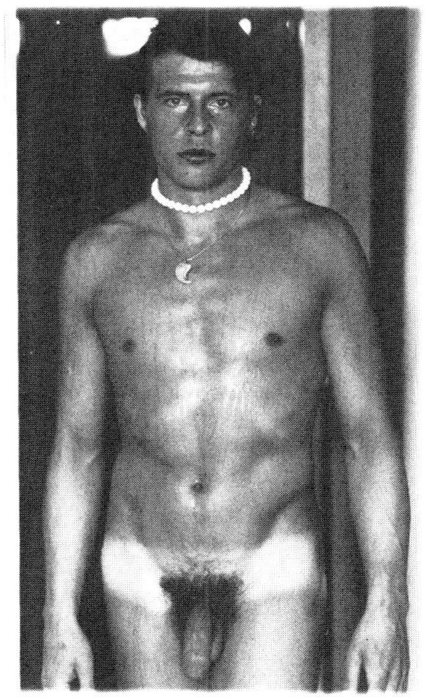

Il est les deux notre homme, beau et laid. Un démon. Il est attrayant, il nous attire vers lui. Il n'a aucun défaut. Chacun sait qu'il sera encore plus beau dévêtu qu'habillé. Il est présentable dans sa totalité, il tient ses promesses et au-delà, il soulève nos attentes sauvages. Il est une suggestion de brutalité et de confort. De tendresse.
C'est pourquoi il doit rester un conquérant. Rien de commun ne doit pouvoir détruire son charme ni mettre en danger sa sécurité. Il a besoin de beaucoup d'espace pour se mouvoir, ce qui le fait apparaître sans limite. Il a l'obligation de préserver sa richesse et les désirs qu'il provoque. Il doit être une étoile. Il en a les qualités et les talents. Tout ce dont il a besoin, c'est de protection et de

(Suite page 63)

Lewis Caroll : A travers le miroir...

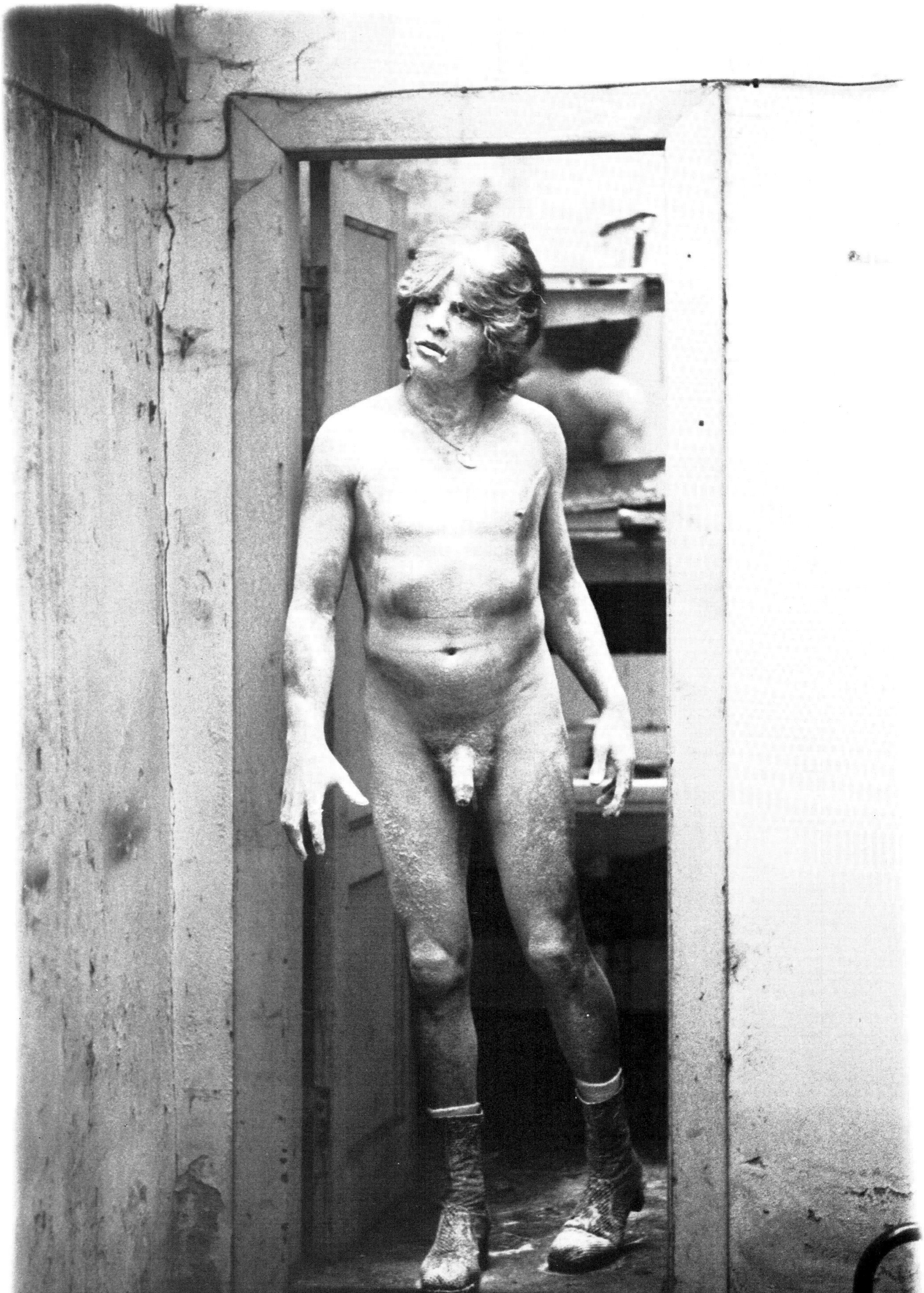

...,, Twas brilig, and the slithy toves
Did gyre and gimble in the wabe :

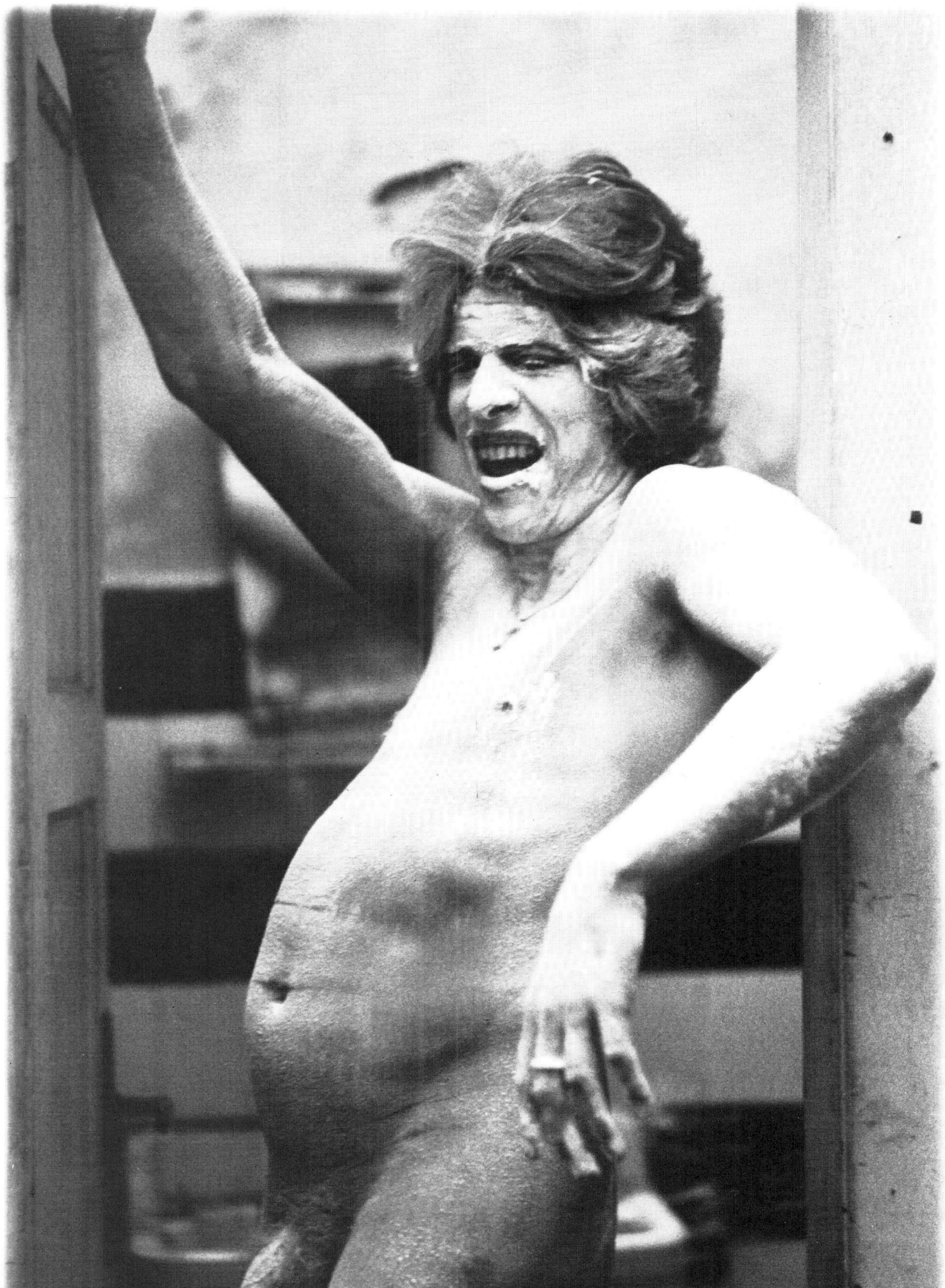

All mimsy were the borogoves,
and the mome raths outgrabe."

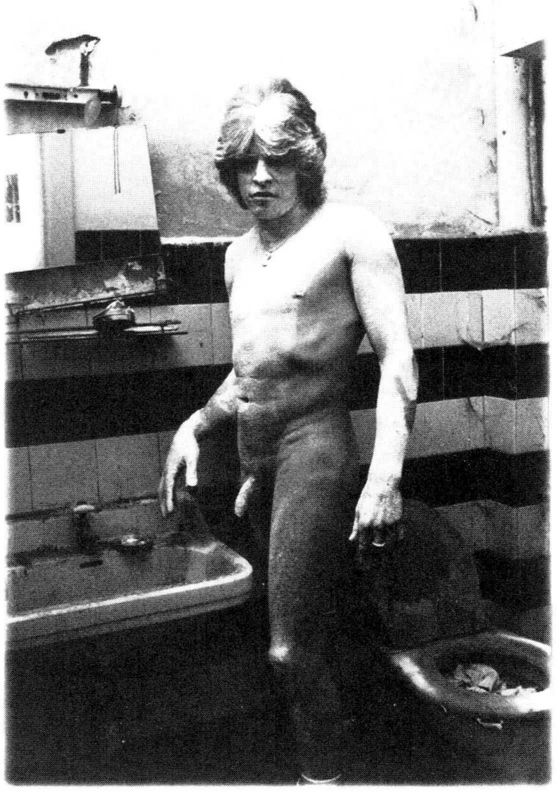

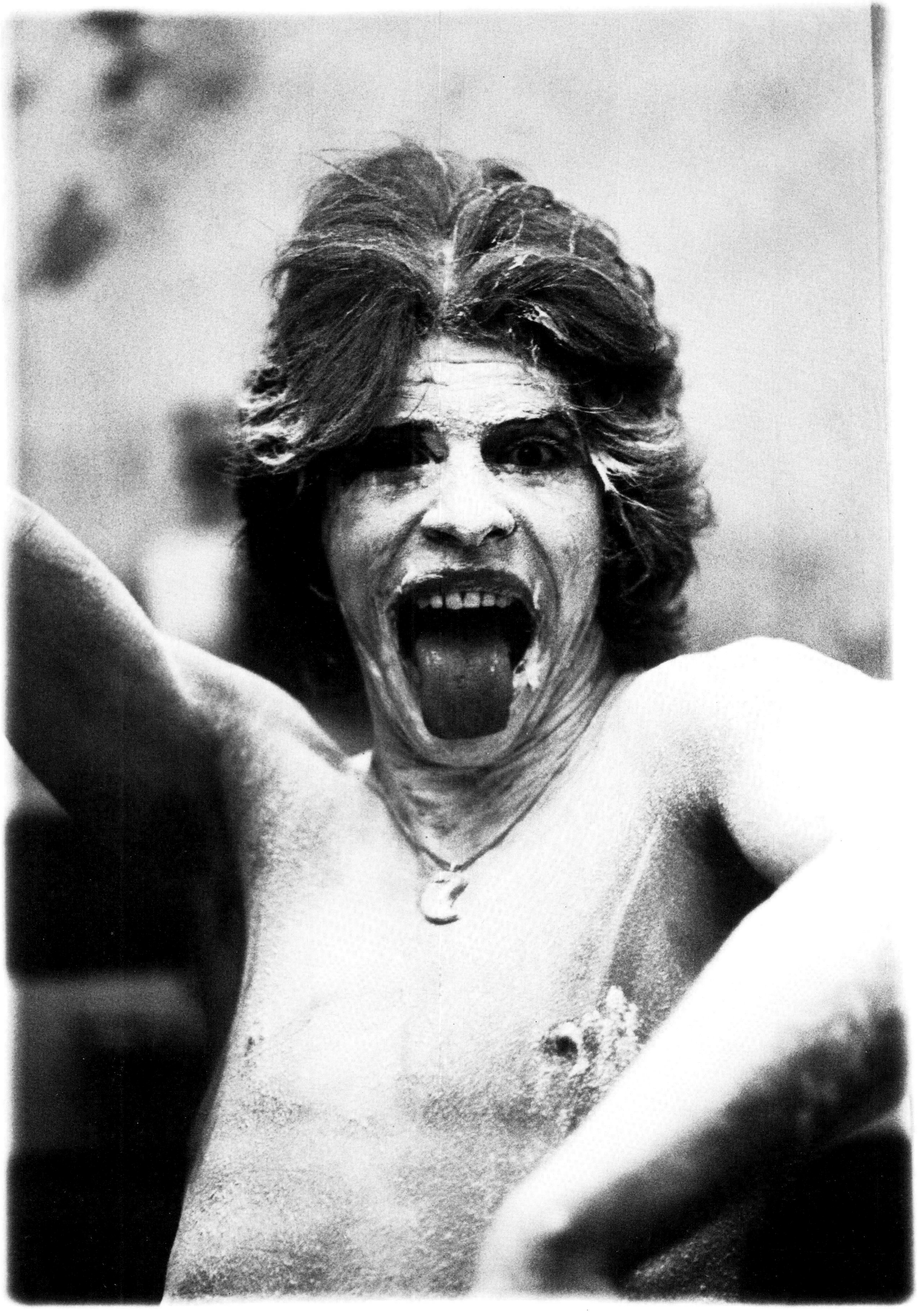

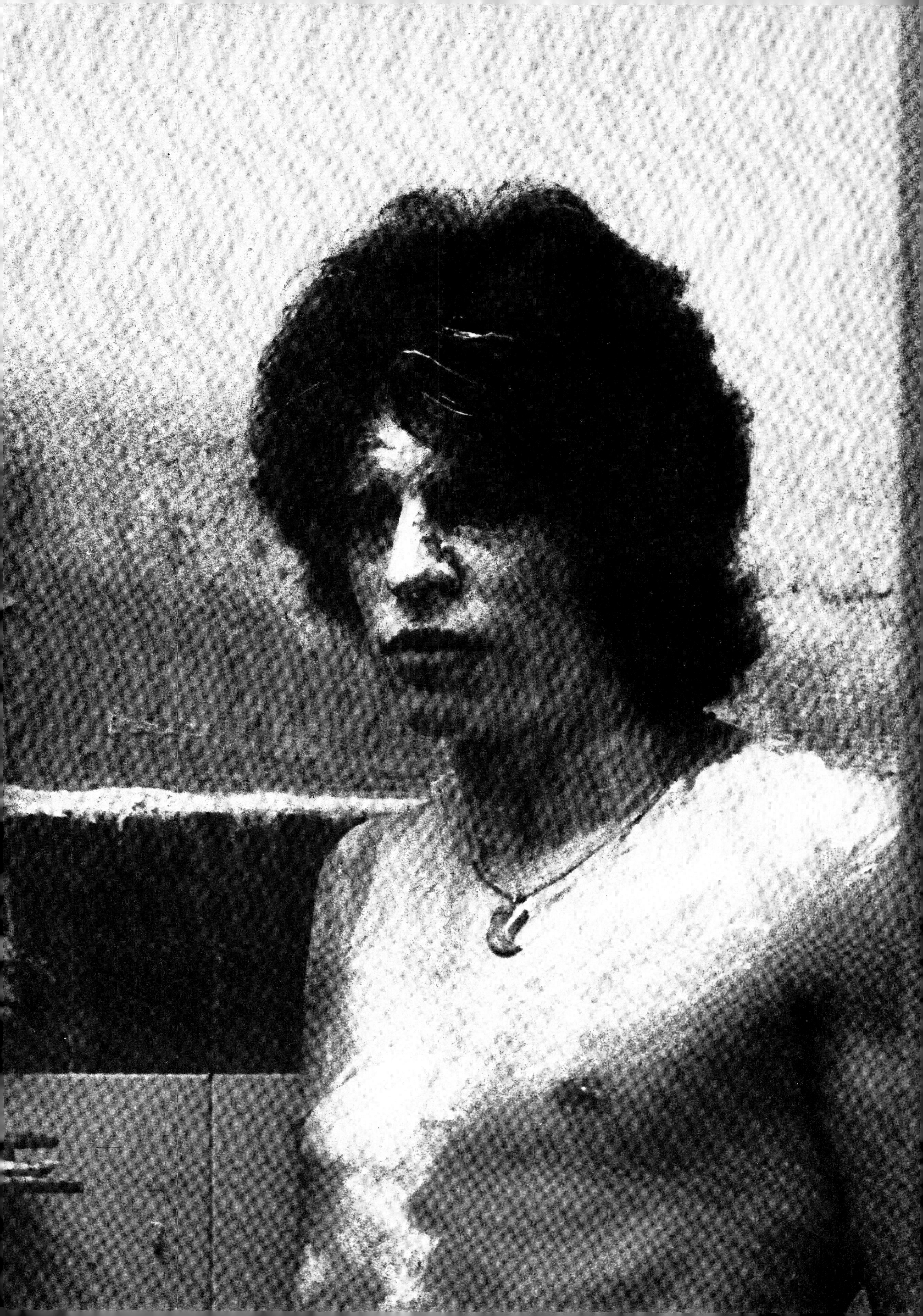

Cat Stevens :
"I'm going to be a pop-star!
I'm going to be a pop-star!

Oh Mama, Mama, see me, Mama, see me on the TV!"

chance. Il serait tragique pour lui de ne pas être reconnu car il surgit modestement, il ne nous heurte pas avec son assurance. En fait, il est même timide. Cependant, il attire l'attention. Une aura d'aventure, l'entoure, une conscience de sa carrière. Il est habile, souple, à l'aise, à la mode. Il a détruit l'empreinte négative du mot "vanité". Le miroir est son instrument, il en a besoin, il lui parle. Narcisse est armé pour l'instant où il va se laisser découvrir. Il s'est exercé aux signaux qui vont maintenant être reçus. C'est un égocentrique qui voudrait se donner amoureusement au monde, qui est trop habité par lui-même pour penser à changer les autres. Son allure, sa puissance d'attraction physique lui imposent de se concentrer sur lui-même. Il se montre pour surprendre. Un stimulus pour un environnement stérile.

Le phénomène inexpliqué de la vitalité sexuelle, d'habitude attribué uniquement aux femmes, est maintenant inversé. Gonflé, évident, indécent, chacun le ressent. Il y a quelque chose d'embarrassant à ce propos, même pour la personne dont il émane. Mais il n'est pas plus encombrant que la blonde à la poitrine opulente autour de laquelle tout le monde se rassemble.

Un monde commence à trembler, le monde douillet de l'homme conventionnel. Nous avons maintenant une contrepartie adéquate à la femme sexy qui assèche la gorge de la moitié des hommes et fait baver les autres.

Ce type est nouveau. Il a fait surface quelque part avec la pilule et les cheveux longs. Ces deux faits nouveaux ont créé un climat propice à l'apparition de l'homme érotique. La pilule a supprimé l'une des principales angoisses. Les cheveux longs, cri premier pour la liberté, lui a rendu ses tentacules, ses extrémités nerveuses, un univers de sentiments depuis longtemps enfoui. Cet homme n'a jamais dénié à la femme son droit à l'égalité. C'est pourquoi il ne se pose jamais comme un pourvoyeur ou un protecteur. Il a besoin de protection, lui aussi, venant d'elle.

(Suite page 93)

Beatles : "How does it feel to be one
of the beautiful people?"

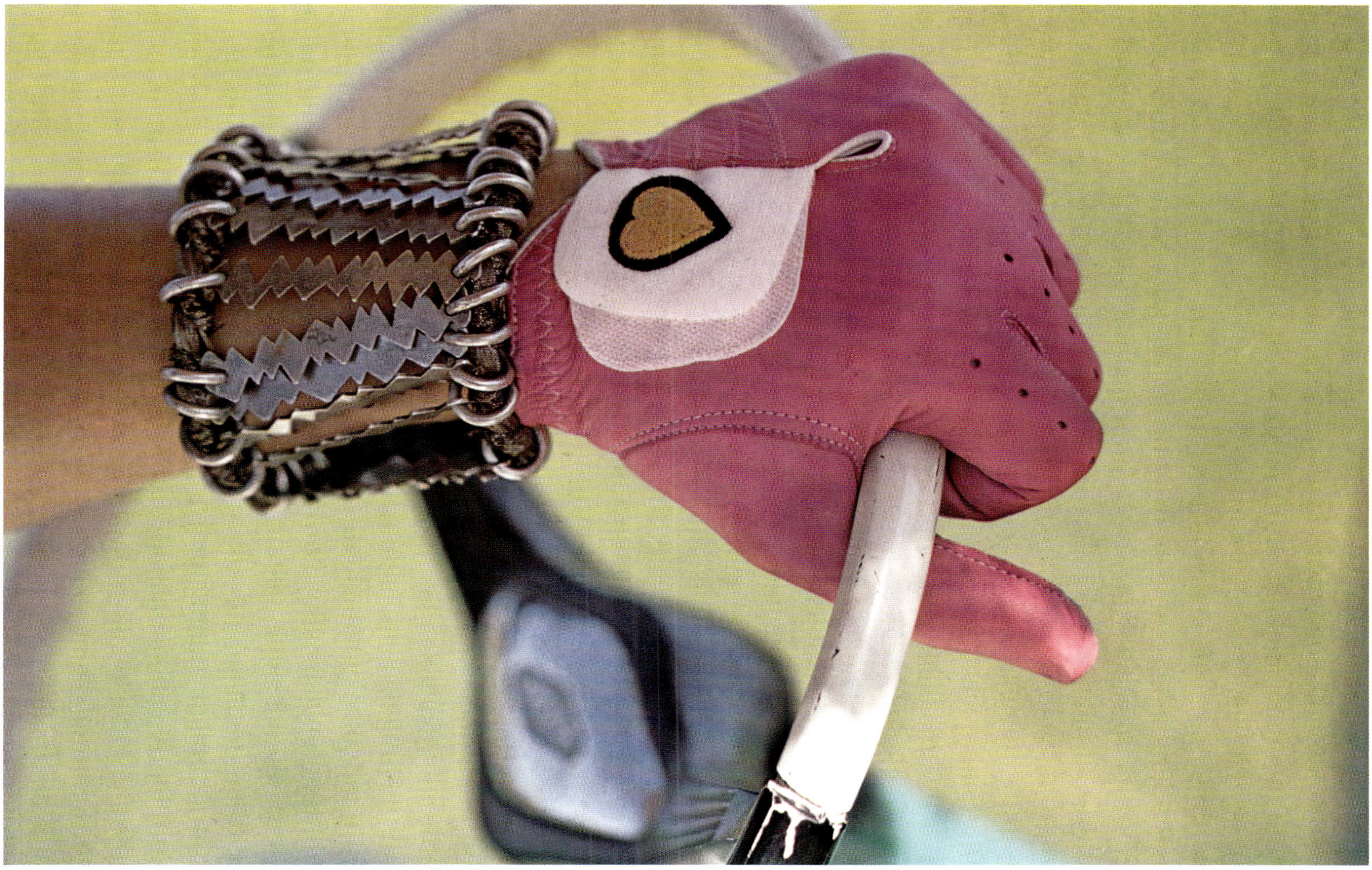

Le cœur est le symbole de l'amour

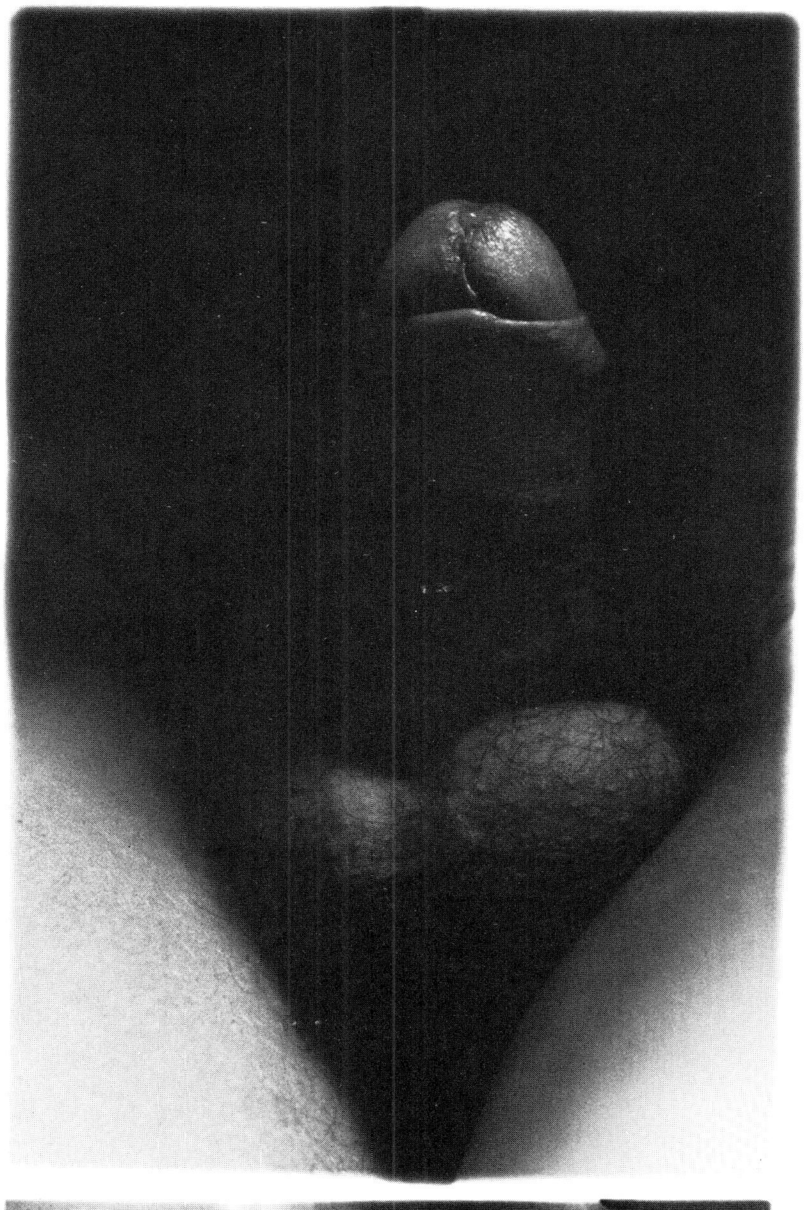

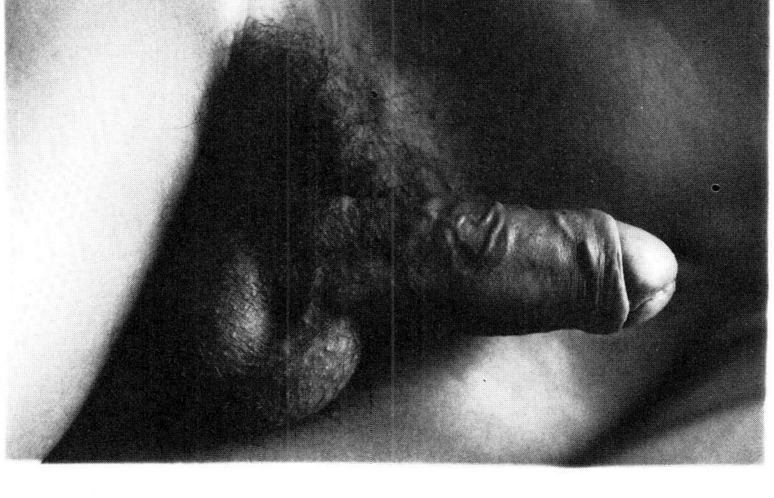

Le cœur est le symbole de l'amour

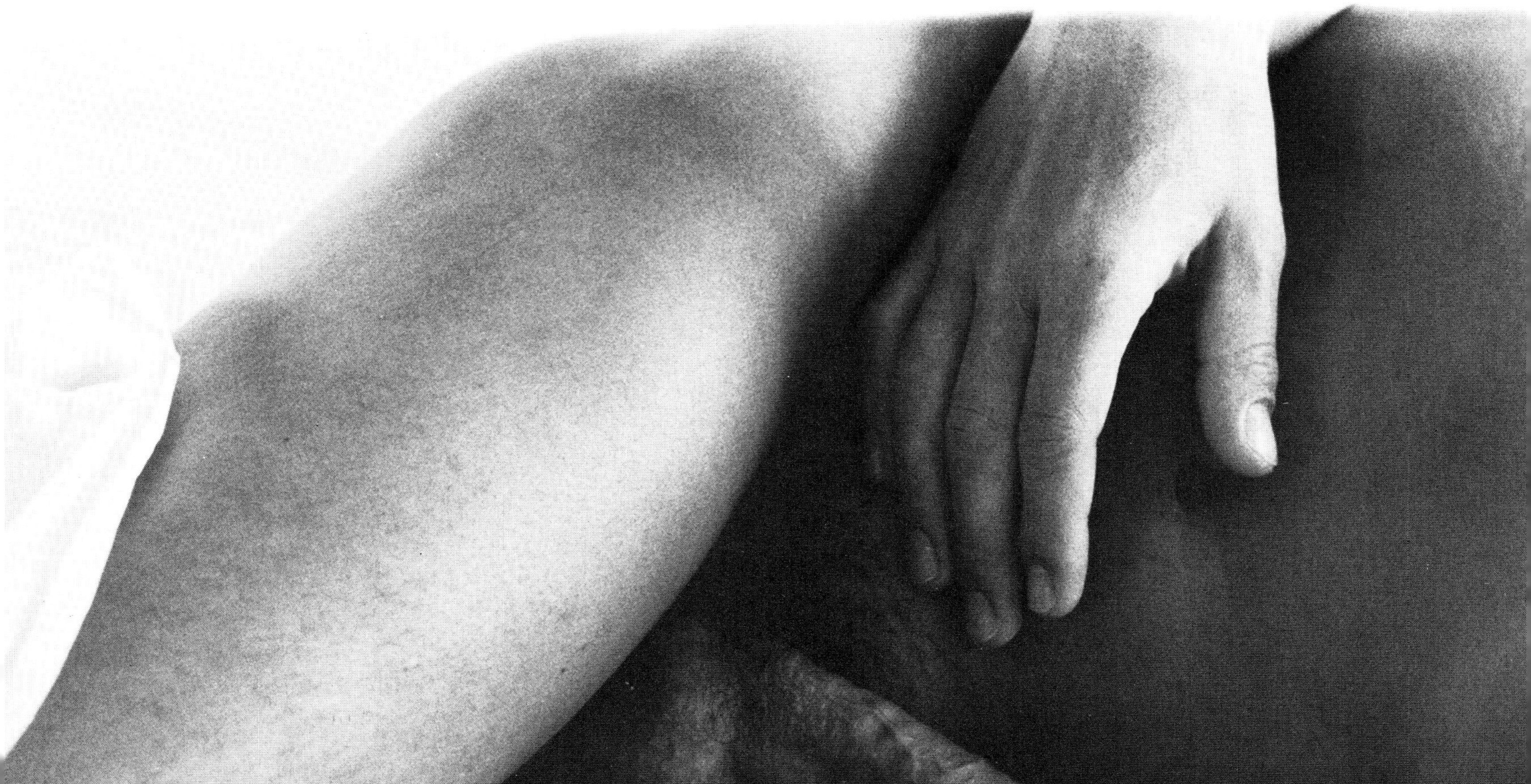

Hommage à Brigitte Bardot

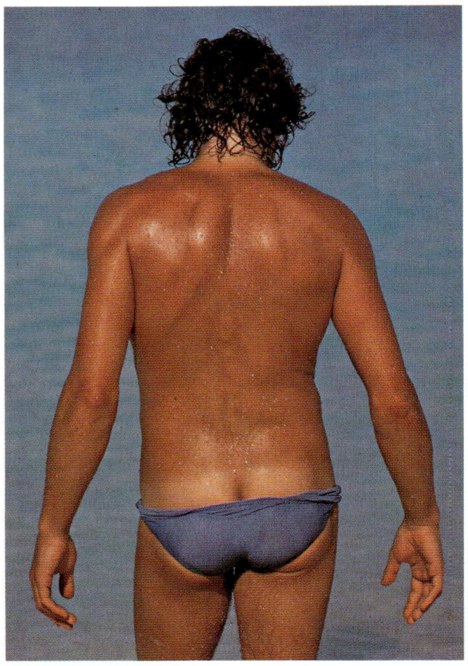

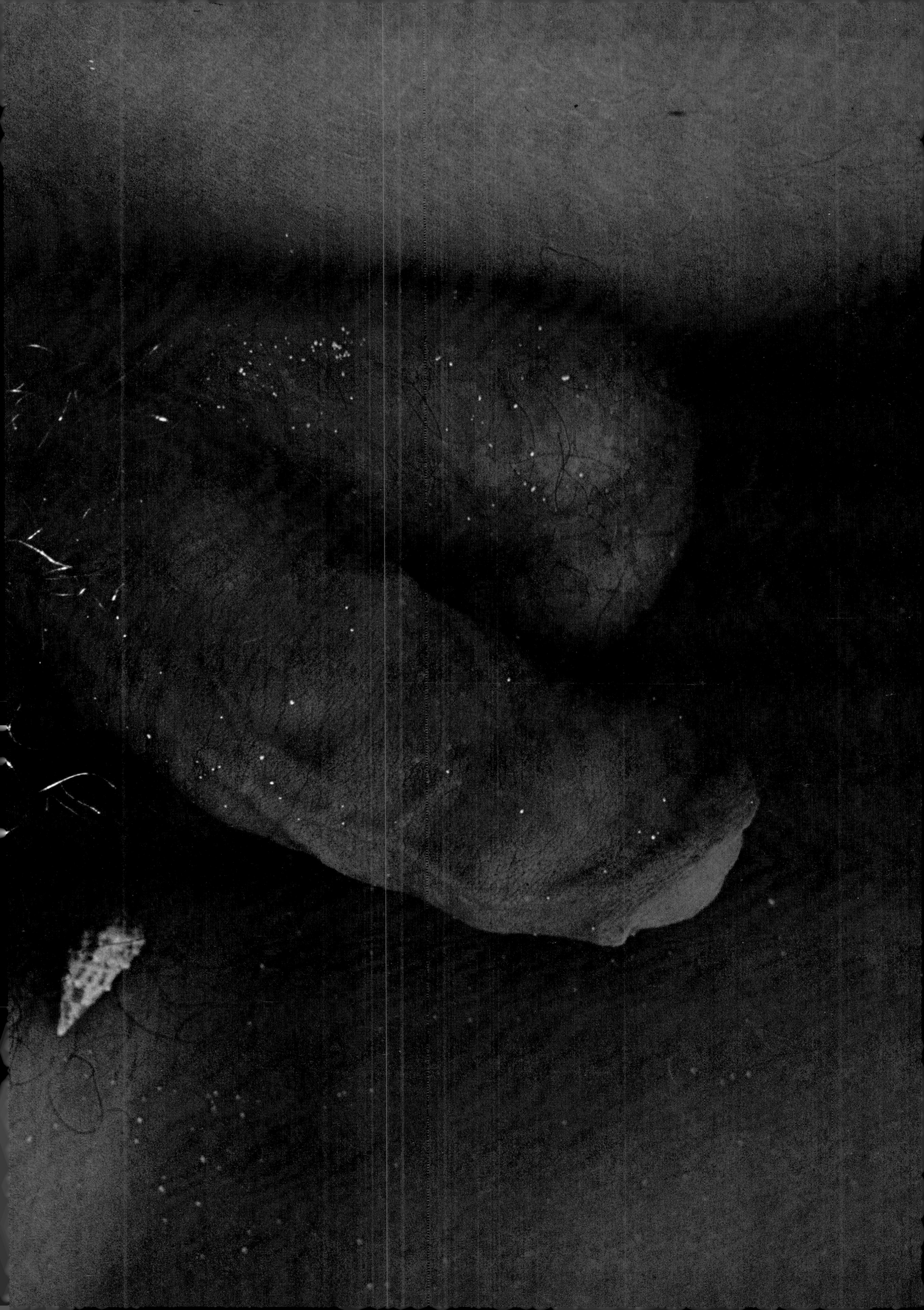

a shy guy... who hates long walks.

CAMEL

CAMEL

CAMEL

CAMEL

CAMEL

CAMEL

Il a toujours existé, obligé de se dissimuler sous des costumes conservateurs, sous des cheveux courts, selon le strict bon usage qui prend toute manifestation d'individualité comme une atteinte au sérieux. Il est difficile de croire que cela soit toujours vrai de nos jours. C'est pourquoi nous remercions notre homme pour le plaisir des yeux, pour ses pantalons serrés, ses chemises de soie, ses chemises cintrées, ses pantalons de soie; ces attributs érotiques, auparavant réservés exclusivement aux femmes. Il peut aussi se maquiller s'il le désire. Plus il est viril plus cela le rend attrayant. Mick Jagger avec des lèvres rouges - quel homme peut rivaliser avec ça?

(Suite page 112)

A propos de l'homme des poissons :
les femmes l'aimeront, parce qu'il leur parlera
pendant l'étreinte...

Peter Otto Gern : l'homme né sous le signe des Poissons sait comment vivre dans les insondables profondeurs de la société humaine aussi bien que dans les océans mystérieux de l'existence spirituelle. Comme le poisson qui peut se déplacer à la vitesse de l'éclair d'un endroit à un autre par un battement de sa queue, l'homme des Poissons peut échapper aux dangers de sa faiblesse. Son intuition, sa perception sont fantastiques. Elles le forcent à sauvegarder son indivi-

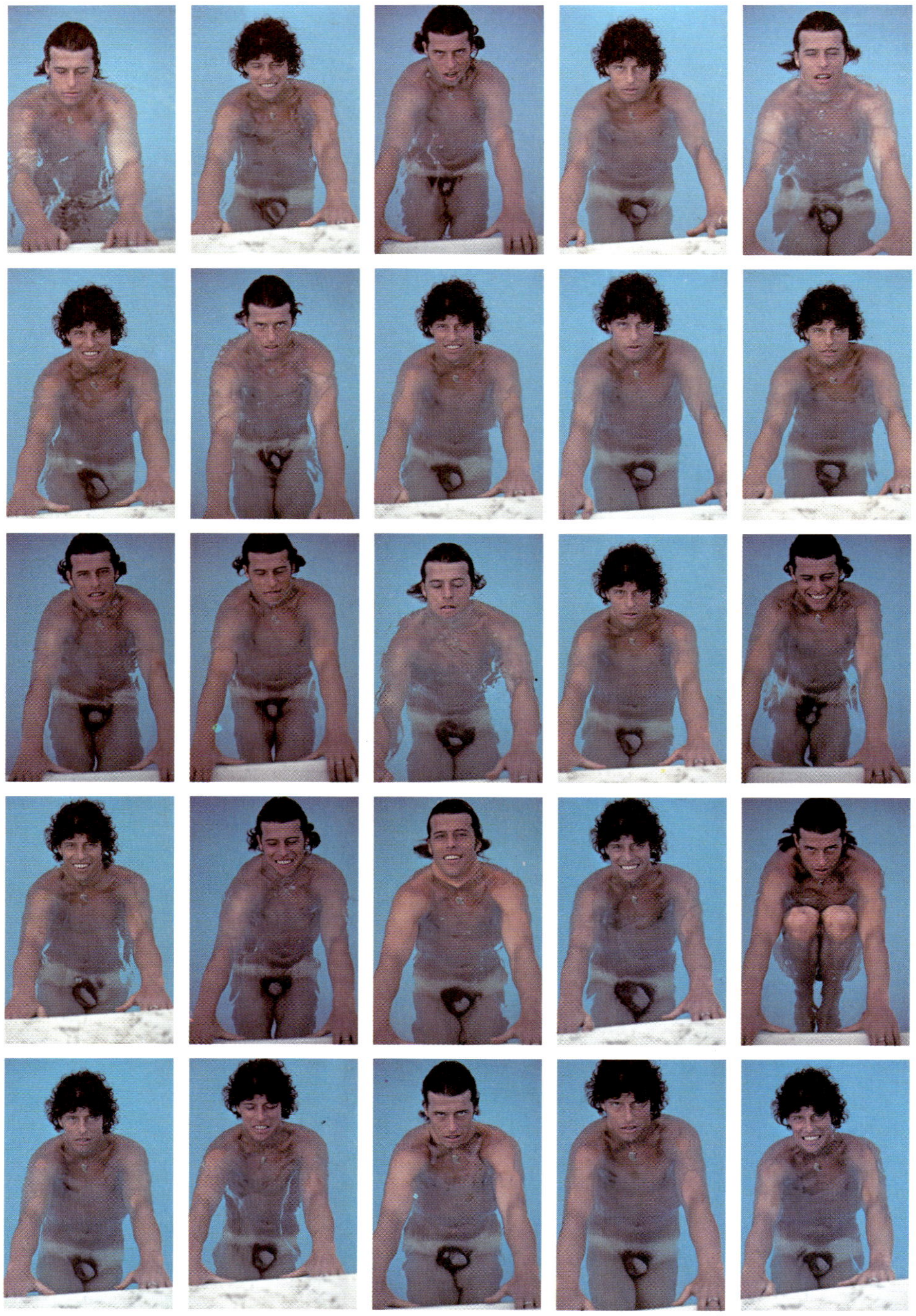

dualité, à échapper occasionnellement à sa solitude, à se livrer aux principes religieux de la prière et de la méditation. Alors, un jour, tel Ulysse, il surgit de la mer des émotions, mystérieux, plein d'odeurs étranges et de rayonnement, insaisissable et incompréhensible. Ceci arrive à une heure étrange, quand on ne l'attend pas. De la même façon, il s'en va pour s'enfoncer à jamais dans les eaux du Styx.

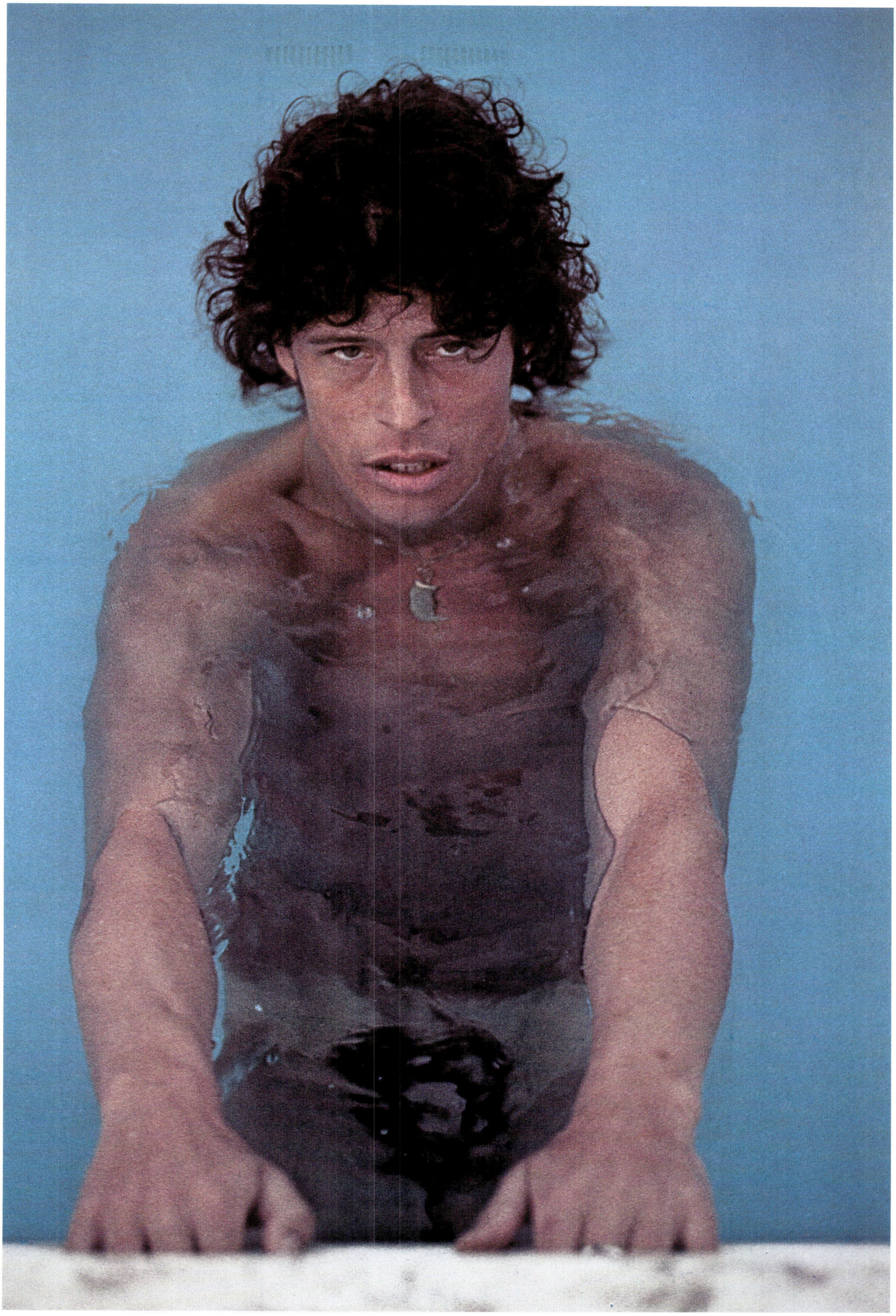

"J'écoute ce que tu as à me dire, Schéhérazade."

“Nous nous amusons!

"Nous ne nous amusons pas!"

L'ère de l'homme beau est arrivée. Mais il ne pousse pas encore sur les arbres. Nous devons bien le traiter. Fondamentalement il n'est pas en danger, sinon celui d'être trop aimé, désiré par trop de gens. Devant ses émotions, les vêtements risquent de tomber. Il est aimé. Même les hommes essaient de lui prendre quelque chose, de l'utiliser. Sans effort, il achève sa tâche et surmonte aisément tous les obstacles sur son chemin. Il est illuminé par une étincelle qui éblouit constamment les autres. Ils veulent le connaître, ils croient qu'ils le connaissent. Il est le symbole de tous les désirs, l'incarnation de toutes les attentes, de tous les espoirs. Bianca et Mick Jagger en une seule personne. Je suis l'une de ces femmes qui s'adonnent constamment à sa fantaisie, sujet : l'homme ou simplement le mâle, l'excitant. L'homme m'occupe dans sa vraie force naturelle. C'est pourquoi je peux être blessée par ses caricatures ou furieuse lorsque de pauvres imitations tentent de m'impressionner.
Par chance, je suis photographe. Je suis capable de réaliser mes fantaisies, d'éclaircir des points importants. Un plan, né d'un rêve, devint réalité à l'occasion d'une rencontre. Mon livre montre que l'homme fascinant, beau, joli existe - l'antithèse de la jolie fille et qui, avec les mêmes accessoires, les fleurs, le lit, le petit animal, peut être aussi séduisant qu'elle. Il montre la femme dans l'homme, comme on a vu l'homme en elle. Il peut être aussi bien dans une robe qu'elle en pantalon, et le jeu et l'ambiance lui conviennent de la même manière.
L'homme de ce livre est un poisson, cochon selon l'horoscope chinois et bien sûr, il a de la chance. Maintenant qu'il a tout montré, nous n'avons qu'à écouter à quoi ressemble sa voix : elle est calme, vibrante, profonde, légèrement nasale, féline, elle fait corps avec lui. Son charme est suffisant pour surmonter le tabou qui veut qu'un homme ne puisse pas s'exposer ainsi, nu, totalement nu, sans perdre sa dignité. Il a été photographié sur une période de deux ans. Cela l'a changé. Le livre révèle aussi ce changement.
Ce livre prétend faire date. Maintenant que le trésor féminin a été tellement dilapidé, que nous sommes sur le point de bâiller, je veux émanciper l'homme attirant. Laisser la douce commotion se répandre à travers votre corps.

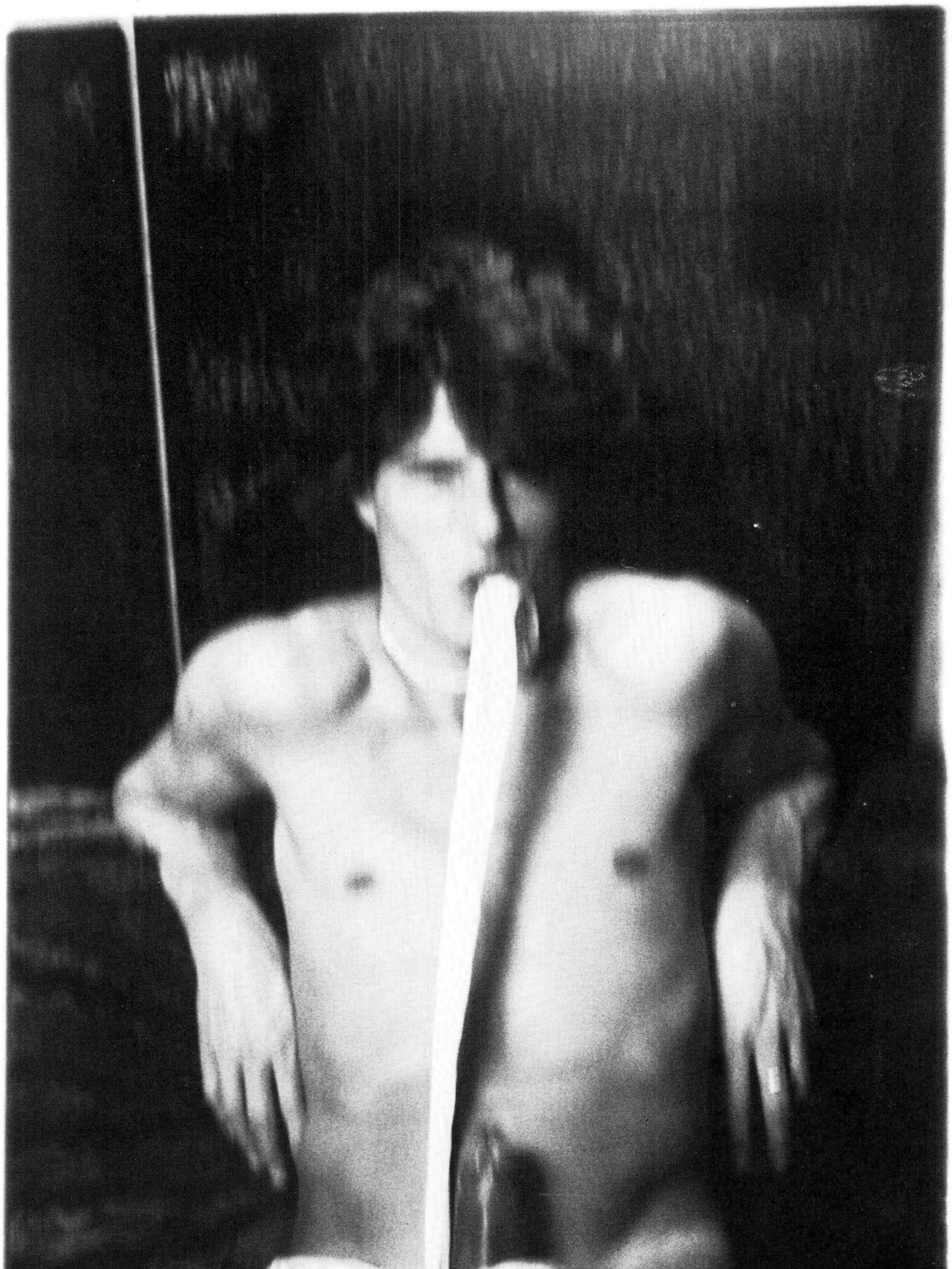

"Happy birthday!"

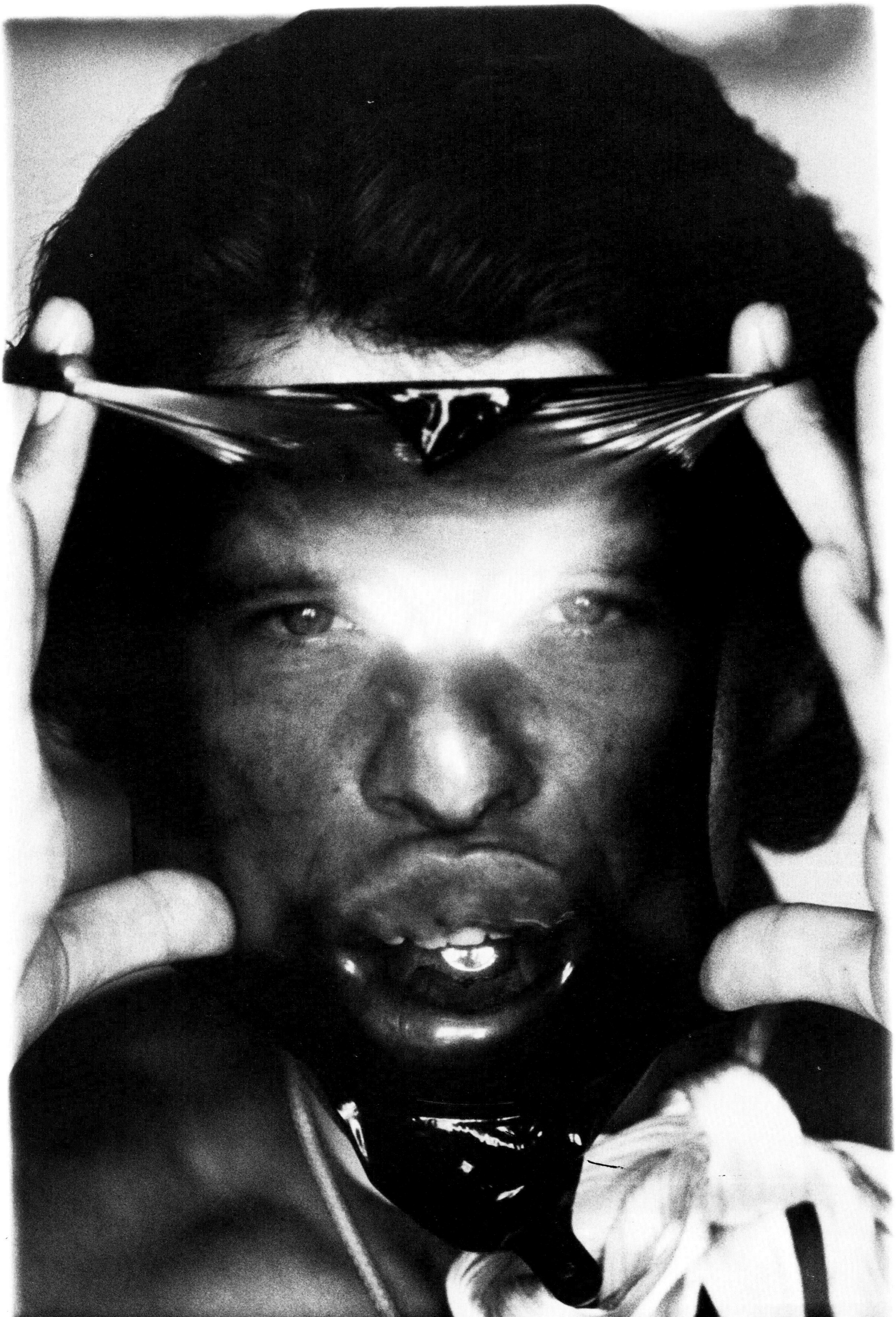

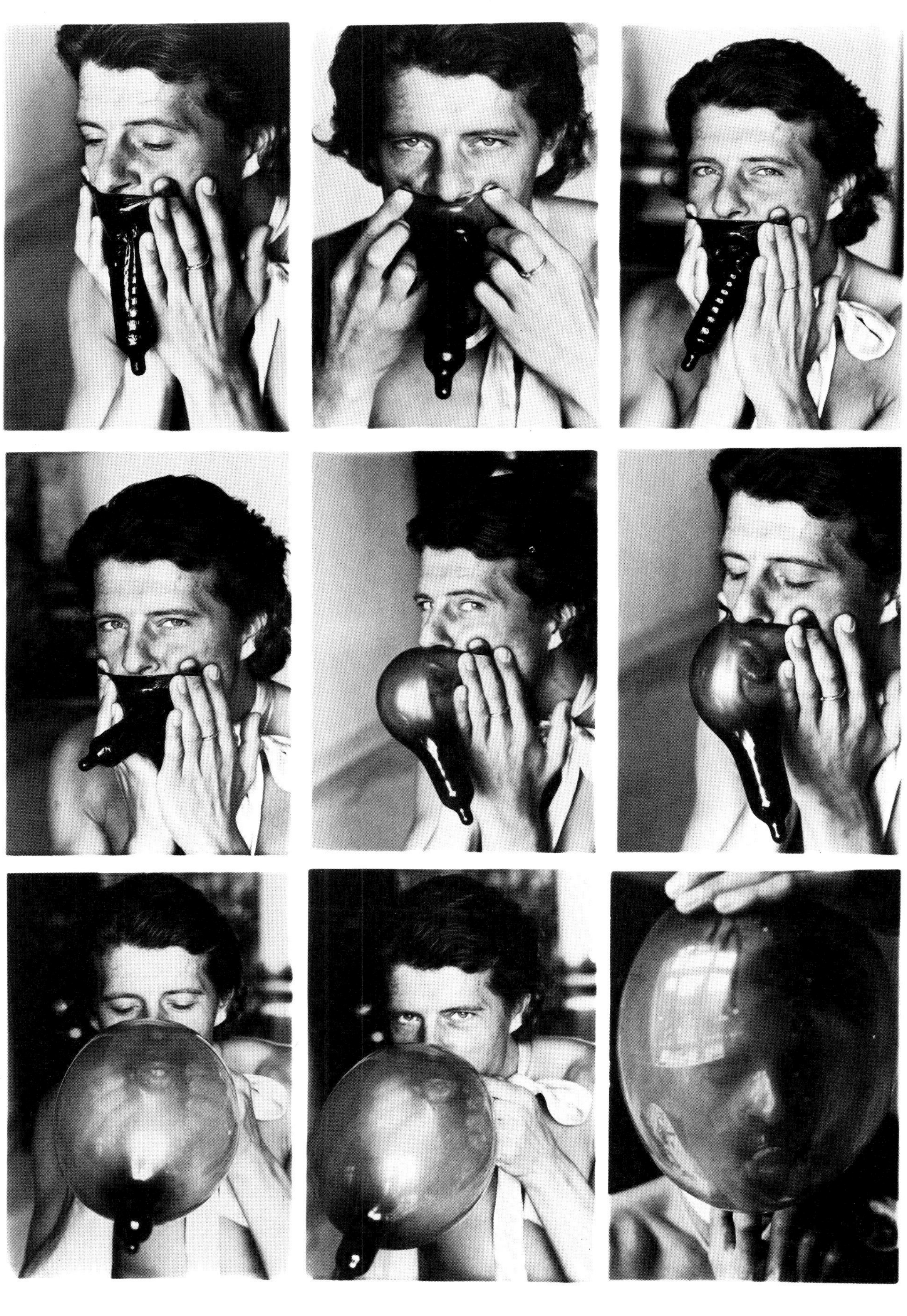

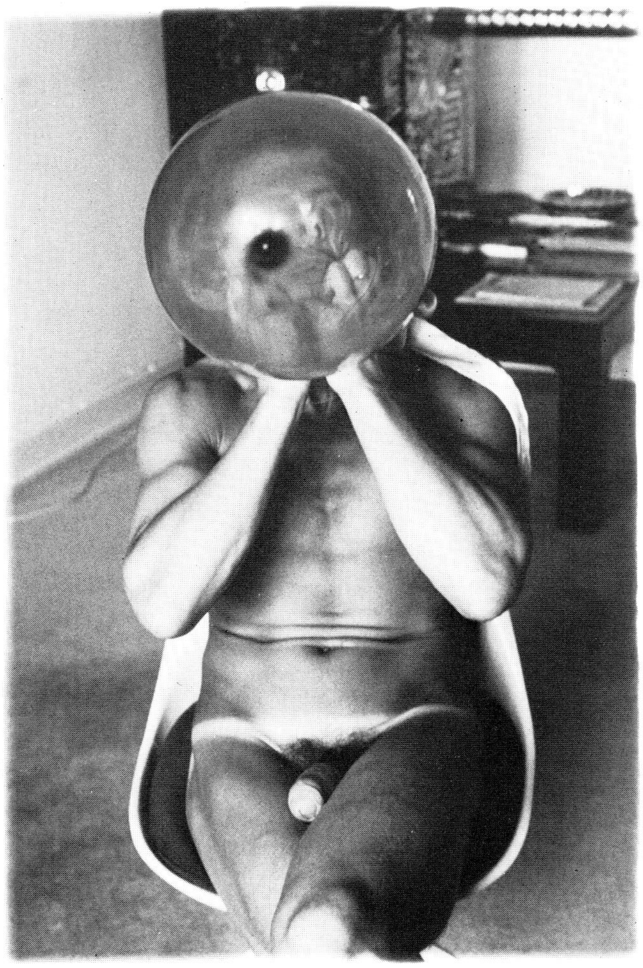

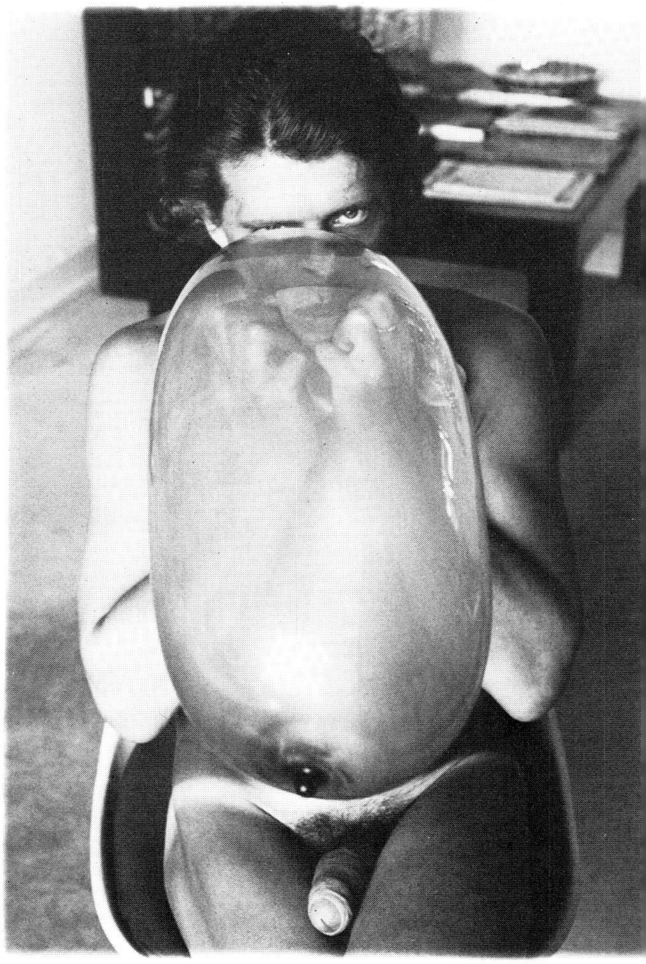

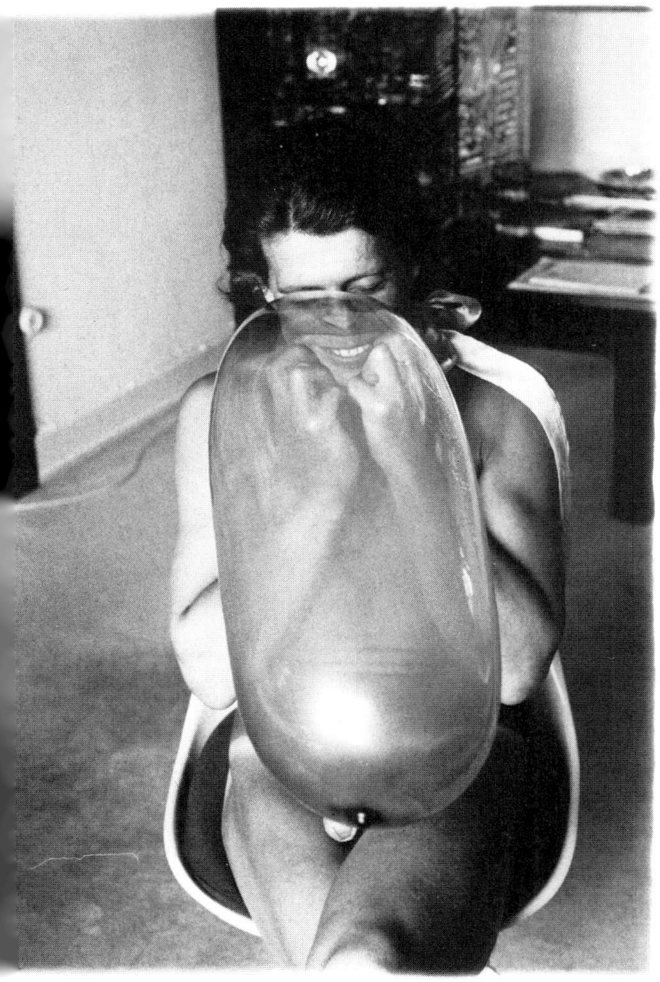
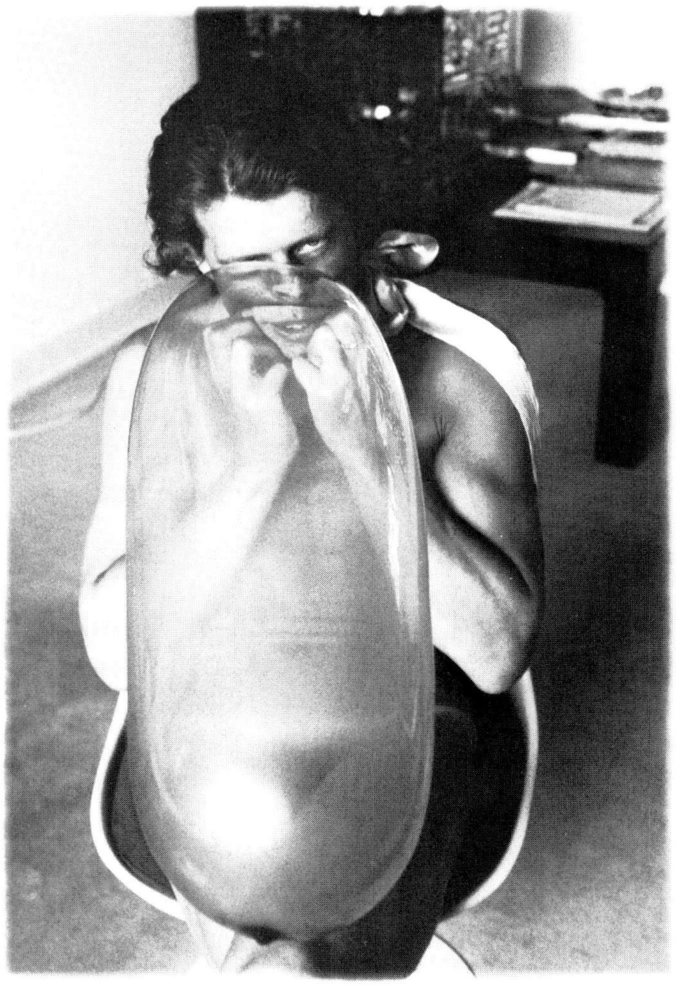

Starfucker !

*MANN, OH MANN!*

*ISBN 3-88230-006-X*



*MAQUETTE : PETER SCHMIDT, HAMBURG*
*PRODUCTION : CAJO LIESENBERG*
*PHOTOGRAVURE : WERNER BUSSE, DORTMUND*
*ACHEVÉ D'IMPRIMER PAR GERHARD STALLING AG.*
*OLDENBURG, OCTOBRE MCMLXXX*
*TRADUIT DE L'ANGLAIS PAR JEAN-FRANÇOIS DUMAND*

*LES CITATIONS SONT TIRÉES DE :*
*page 6 = 14, BEATRIX POTTER : "PETER RABBIT", "BENJAMIN BUNNY", DIOGENES VERLAG*
*page 94, PETER OTTO GERN : MANUSKRIPT "GESPRÄCHE ÜBER ASTROLOGIE"*